CÉSAR CHÁVEZ

Gloria D. Miklowitz

DOMINIE PRESS
Pearson Learning Group

Director General: Raymond Yuen
Editor Ejecutivo: Carlos A. Byfield
Diseñador: Greg DiGenti
Créditos de fotografía: Bettmann/Corbis (páginas 6, 13, 16, 21, 24 y cubierta)

Publicado por:

Dominie Press, Inc.

1949 Kellogg Avenue
Carlsbad, California 92008 EE.UU.

www.dominie.com

Cubierta de cartón ISBN 0-7685-0504-6
Libro encuadernado ISBN 0-7685-2336-2
Impreso en Singapur por PH Productions Pte Ltd
2 3 4 5 6 PH 05

Contenido

Capítulo 1

La Gran Depresión

Las frutas y vegetales que comemos no llegan a los supermercados por arte de magia. Los tomates, el maíz, las manzanas, la lechuga y las uvas los plantan los trabajadores agrícolas de granjas grandes. Cuando las cosechas están listas, las recogen hombres,

César Chávez sostiene un rótulo con un mensaje político en una calle muy transitada

mujeres y niños. Estos “recogedores” van de granja en granja cuanto sea necesario. Se les llama “trabajadores migratorios”. Muchos de ellos llegan de México y hablan sólo el español.

César Chávez era un trabajador migratorio que conocía de cerca lo difícil que era esa vida para su gente. De adulto, asoció a su gente en el sindicato United Farm Workers Union para luchar por mejores condiciones de trabajo y de vida.

César nació en 1927, en Yuma, Arizona. Sus primeros años fueron agradables. Su padre cultivaba la tierra heredada de su padre. La familia cultivaba maíz, frijoles, sandías y otras frutas y vegetales. Vendían lo que no comían para pagar por otras necesidades. A medida que crecían César y sus cinco hermanos, ellos ayudaban a cultivar los campos.

Cuando César tenía 10 años de

edad, Estados Unidos pasaba mucha dificultad debido a la Gran Depresión. Había pocos empleos. La gente no podía encontrar trabajo para dar de comer a sus familias. No llovía lo suficiente, así que las cosechas eran pobres. Con pocos ingresos, el padre de César no podía pagar el impuesto sobre su tierra. El estado se apoderó de su granja. ¿Cómo sobreviviría la familia?

Muchos otros granjeros tenían el mismo problema. Ellos habrían hecho lo imposible para ganar lo suficiente para alimentar a sus familias. De California, llegaron contratistas a emplear "recogedores". Les dijeron a los granjeros necesitados que en California podían ganar buen dinero recogiendo cosechas de granja en granja.

Los padres de César y muchos otros decidieron abandonar Arizona. Arrollaron los colchones, amarraron sus pertenencias y cargaron todo en los techos de los carros. Esperaban poder ganar lo suficiente en California para que sus hijos no tuvieran que trabajar y pudieran ir a la escuela.

Capítulo 2

Trabajando en los campos

A la familia Chávez, California le parecía maravillosa. Había campos exuberantes llenos de plantas florecientes. La vida será buena aquí, pensaban.

El padre de César manejó hasta una granja grande, donde le habían dicho que su familia encontraría empleos. Unas chozas viejas de un solo cuarto, hechas de láminas metálicas, serían su hogar. No había agua corriente ni baños, sólo un quemador de cocina y un calor insoportable. Desempacaron, recogieron agua en cubetas desde un grifo en el patio, cenaron comida fría, y durmieron en el suelo esa primera noche.

El día siguiente la familia Chávez fue a trabajar en los campos. Con frecuencia, la única agua potable disponible era la que ellos mismos llevaban. Los recogedores tenían que agacharse todo el día. Muchos cultivos habían sido rociados con veneno para matar insectos. El veneno enfermaba a algunos trabajadores. Trabajaban largas horas y no siempre les pagaban lo que les habían prometido. Puesto que la mayoría de los trabajadores no hablaban inglés, no podían discutir.

Por muchos años, ésta era la vida

que César y su familia llevaban. Iban de granja en granja, dondequiera que los contratistas los enviaran. Cuando no estaba en la escuela, César trabajaba en los campos con sus padres. En el tiempo que tardó en llegar al octavo grado, ya había asistido a 30 escuelas diferentes. Puesto que los estudiantes migratorios no pasaban mucho tiempo en el mismo lugar y no podían hablar mucho inglés, tenían dificultades en la escuela.

A medida que César aprendía inglés, podía hablar con los trabajadores que no eran latinos. Por medio de ellos supo cuáles granjas pagaban más, dónde había mejor vivienda y dónde los dueños no estafaban a los trabajadores. Él les contó a otras familias méxicoamericanas lo que había descubierto, para que no sufrieran lo que su familia había sufrido. Trató de persuadirlas para que fueran juntos a hablar con los granjeros y solicitaran mejores salarios y viviendas. La mayoría

Chávez habla en una reunión popular en contra de un periódico al norte de California

de los trabajadores se negaron, temerosos de perder sus empleos. Pero él no se daba por vencido. César continuó tratando de mejorar la vida de los trabajadores agrícolas durante el resto de su vida.

Capítulo 3

Únete al sindicato

Cuando César creció, encontró trabajo en los viñedos, que requerían atención durante todo el año. A los 15 años, conoció a Helen Fabela, quien también trabajaba en los campos. Compartían las mismas metas y se enamoraron.

Pero era tiempo de guerra, y estaban demasiado jóvenes para casarse. En 1944, a los 17 años, César se alistó en la marina y prestó servicio en el Pacífico occidental. Al regresar a California después de la guerra, descubrió que la vida de los trabajadores migratorios no había cambiado.

Fabela y César se casaron en 1948 y se mudaron a San José, California. César trabajó en las huertas de albaricoque y en los aserraderos. Vivían en una parte peligrosa de la ciudad llamada *Sal si Puedes*.

Dos hombres llegaron a ser importantes en la vida de César. Uno era el Padre Donald McDonell, quien con su iglesia ayudaba a las personas con sus problemas de la vida diaria. El otro era Fred Ross quien fundó la Community Service Organization (CSO) para ayudarles a los residentes a resolver sus propios problemas.

Chávez exprime unas uvas en señal de protesta en una reunión popular contra las prácticas laborales injustas de los dueños de viñedos

César primero trabajó de voluntario para la CSO. Organizó grupos y registró votantes. Luchó contra la discriminación racial y económica y formó nuevas sucursales de la CSO en California y Arizona. Durante este tiempo, leyó mucho acerca de la política y de los líderes que creían en la abstención de la violencia como método de obtener cambios.

César creía firmemente en que los trabajadores necesitaban una organización que pudiera ayudarles. Trató de persuadir a la CSO para que asumiera ese papel, pero no logró que lo hiciera. César usó sus ahorros y los de su esposa, junto con préstamos y donaciones de amigos y familiares para formar un sindicato, la National Farm Workers Association (NFWA). Con los $1,200 que juntó, renunció a su empleo con sueldo para organizar el sindicato.

En 11 meses visitó más de 80 comunidades y sostuvo muchas

asambleas para lograr que los trabajadores se asociaran al sindicato. Cuando 300 miembros firmaron, convocó una reunión. Si cada familia pagaba una pequeña cantidad, dijo él, el sindicato podría abrir pequeñas tiendas de comestibles, farmacias y gasolineras donde los trabajadores podrían comprar artículos a menor precio. Podría contratar abogados que los representara. Hasta se podría hacer préstamos de dinero.

César quería que todas las actividades fueran libres de violencia, y no aceptó sueldo a pesar de que trabajaba largas horas. Las personas donaban comida y ropa para su familia de ocho hijos. Hasta sus hijos ayudaban, distribuyendo volantes.

Capítulo 4

¡Huelga!

Los trabajadores agrícolas no tenían leyes que los protegieran. Los viñadores deshonestos podían ponerlos a trabajar largas horas sin períodos de descanso en los campos rociados de venenos. Podían pagarles a los trabajadores el sueldo mínimo que quisieran. Con frecuencia no les proveían agua ni baños. No tenían que brindarles lugares aseados para vivir.

Con mayor número de miembros y mayores ingresos, César cumplió lo que había prometido, y entonces hizo otros planes. Tan pronto como la NFWA creció lo suficiente, les sugirió a los miembros que exigieran el pago y las condiciones que otros trabajadores de Estados Unidos disfrutaban.

En 1965, los cosechadores de uvas que no eran miembros de la NFWA estaban enfadados. Pedían que se les pagara más dinero durante la época de recolección de cosecha porque durante el invierno no habría trabajo. Exigieron $1.40 por hora y 25 centavos por cada caja de uva recogida.

"Dejaremos de trabajar", amenazaron. "¡Sus uvas se pudrirán en las viñas!"

Los recogedores se alineaban a la orilla de los campos y gritaban, "¡Huelga!".

César Chávez encabeza una protesta a la entrada de una tienda de comestibles que vendía uvas

Al principio, César no quería que la NFWA se uniera a la huelga. Sus miembros iban a necesitar comida, y el sindicato tenía muy poco dinero para ayudarles. Sin embargo, sus seguidores le urgieron participar, y pronto los miembros de su sindicato también se alinearon en los campos gritando "*¡Huelga!*". Durante semanas, los viñadores y los huelguistas discutieron. Finalmente, dos de los dueños estuvieron de acuerdo en aumentar los sueldos, y los huelguistas de estos viñedos regresaron al trabajo.

Pero los viñadores trajeron de México trabajadores no asociados al sindicato para que recogieran la cosecha de uva. Estos trabajadores aceptaron el bajo pago y las malas condiciones. La huelga continuó durante muchos meses. Mucha gente que se enteró de la huelga y respaldaba lo que estaba haciendo Chávez, envió dinero y ayuda. Pero los viñadores no cedían.

Entonces, cierto día, César tuvo una idea. Les daría un golpe donde realmente les dolería, en el bolsillo.

Capítulo 5

The United Farm Workers of America

La huelga contra los viñadores no daba resultados. Los viñadores trajeron recogedores temporales de México. Estos trabajadores regresaban a casa cuando terminaba la cosecha, sintiéndose ricos con los pocos dólares que ganaban.

César Chávez encabeza una protesta contra el uso de pesticidas

"¿Qué pasaría", razonaba César, "si todo el país respaldara a los huelguistas y dejara de comprar uvas o vinos?" Eso sería un boicoteo.

"¡No compre uvas de California!" llegó a ser un eslogan escrito en rótulos, pegado en las paredes de las tiendas y publicado en artículos de periódicos. Los camioneros se negaban a transportar uvas de los viñedos a las tiendas o cargarlos en barcos para enviarlos a otros países. Durante 25 días, César ayunó, es decir no comió, y tomó sólo agua. Era el primero de varias ayunas que pasaría César para atraer atención a la causa de los trabajadores migratorios.

El boicoteo a las uvas incluyó grupos y personas de todo el país. Perjudicó a los granjeros, tal como lo había pronosticado César, "en sus bolsillos". Sin violencia, la huelga los obligó a aceptar algunas de las demandas de los trabajadores.

En 1972, el sindicato de César adquirió el nombre United Farm Workers of America (UFW), parte de la AFL-CIO, un grupo poderoso formado por muchos sindicatos de obreros. Como presidente de la UFW, César ganaba muy poco y trabajaba 14 horas al día. Al hacerse miembros del nuevo sindicato, los trabajadores recibirían beneficios tales como seguro médico, un fondo para educación, un fondo de pensiones para jubilación, mejores condiciones de trabajo y un instrumento para expresar sus quejas.

Pero no todo se ha logrado. A pesar de que se ha prohibido el uso de la azada de mango corto debido a los problemas de espalda que puede causar, todavía se usa. El programa de importar trabajadores de México se descontinuó, pero el problema continúa. Membresía en el sindicato ha decaído, aunque la UFW todavía negocia los contratos de los trabajadores agrícolas.

César murió en 1993 a los 66 años. Más de 50,000 personas se presentaron a honrar su memoria. En una ceremonia en la Casa Blanca el 8 de agosto de 1994, el presidente Bill Clinton le presentó la Medalla Presidencial de la Libertad a Helen Chávez, en honor a su esposo. El presidente Clinton dijo que César Chávez "se enfrentó a una oposición formidable, con frecuencia violenta, con dignidad y sin violencia".

En 2000, se aprobó en California un proyecto de ley que declaraba el 31 de marzo como el día para honrar la memoria de César Chávez. Los trabajadores estatales reciben un día feriado pagado. El feriado no incluye a las escuelas públicas ni a las cortes, y tampoco a los trabajadores agrícolas. Pero muchos niños escolares de California pasan el día aprendiendo acerca de la vida de César y haciendo servicio comunitario. Es el primer día feriado designado para honrar a un líder latino.

Glosario

alistó - enrolarse en el ejército.

boicoteo - un movimiento organizado para no comprar productos y protestar contra una empresa o su política.

contrato - un acuerdo legal entre dos personas o grupos que indica lo que cada uno debe hacer por el otro.

discriminación - actitud por la que se considera inferior a una persona o a una colectividad y se le niegan ciertos derechos.

económica - de la economía o relacionada con ella.

eslogan - frase publicitaria breve, ingeniosa y fácil de recordar.

formidable - extraordinario.

Gran Depresión - una época en los años 1930 en que la economía estadounidense empeoró tanto que cientos de miles de personas perdieron su trabajo; muchos bancos quebraron y negocios y granjas tuvieron que cerrar sus puertas.

huelga - interrupción del trabajo hecha de común acuerdo para conseguir mejoras laborales.

importar - traer de otro país u otra región.

migratorios - trabajadores que cambian de residencia en busca de trabajo.

pensión - pago a personas jubiladas después de muchos años de trabajo.

renunció - dejó el trabajo.

San José - una ciudad del norte de California.

sindicato - asociación formada para la defensa de los intereses económicos o sociales de los asociados.

sucursal - una oficina local de una organización.

viñedo - terreno plantado de uvas, especialmente si es muy extenso.

volantes - papeles impresos para la distribución de un mensaje o idea.